e best thing that could happen is... If only...

e said... I can make m...

If I could change on...

ect world... If I won the lottery... I've got to

ike to wake up in... I'd love it if... Nothing

ghts will... If I could change the way I feel...

get me some satisfaction by... My dream job

..I want to go back in time and... In heaven...

l live happily ever after when...I'd like to try...

ydream about... If I got lucky... I harbor a

again..I don't want to forget that... I'd like to

r than...I want to be remembered for... Instead

r is... If I could do anything... Oh, I hope...

y with... The best thing that could happen is...

I wish _____

Writing down all my thoughts will _____

_____

_____

_____

_____

_____

_____

_____

_____

The best thing that could happen is_____

I'd like to be more aware of _____

_____

_____

_____

_____

_____

_____

_____

_____

_____

I wish I had more time to _____

Instead I could have said _____

_____

_____

_____

_____

_____

_____

_____

_____

I can make my dreams come true by _____

_____

_____

_____

_____

_____

_____

_____

If I could tell my boss _____

_____

_____

_____

_____

_____

_____

_____

_____

_____

I'd like to meet someone who _____

_____

_____

_____

_____

_____

_____

_____

_____

_____

_____

_____

_____

_____

_____

_____

If I could change one thing _____

If my parents were _____

I'd rather be in _____

_____

_____

_____

_____

_____

_____

_____

_____

If only _____

_____

_____

_____

_____

_____

_____

_____

_____

In my next life _____

_____

_____

_____

_____

_____

_____

_____

_____

In a perfect world _____

_____

_____

_____

_____

_____

_____

_____

_____

_____

If I won the lottery

It's not naive to believe that _____

_____

_____

_____

_____

_____

_____

_____

_____

If I could live forever _____

I harbor a desire for _____

_____

_____

_____

_____

_____

_____

_____

_____

I'd love it if _____

_____

_____

_____

_____

_____

_____

_____

_____

I'd like to wake up in _____

_____

_____

_____

_____

_____

_____

_____

_____

In heaven _____

I can hardly wait for _____

_____

_____

_____

_____

_____

_____

_____

I can change the way I feel by _____

_____

_____

_____

_____

_____

_____

_____

_____

I'd like to have a chance meeting with _____

_____

_____

_____

_____

_____

_____

_____

_____

I can get me some satisfaction by _____

_____

_____

_____

_____

_____

_____

_____

_____

If I could start fresh _____

I can change the world by _____

_____

_____

_____

_____

_____

_____

_____

_____

My dream job is _____

_____

_____

_____

_____

_____

_____

_____

_____

I'd like to go back in time _____

_____

_____

_____

_____

_____

_____

_____

_____

I have this fantasy where _____

_____

_____

_____

_____

_____

_____

_____

_____

My ideal mate is _____

_____

_____

_____

_____

_____

_____

_____

_____

I will live happily ever after when _____

_____

_____

_____

_____

_____

_____

_____

_____

I'd like to try _____

_____

_____

_____

_____

_____

_____

_____

_____

When I'm old, I want to be _____

_____

_____

_____

_____

_____

_____

_____

_____

I always daydream about _____

_____

_____

_____

_____

_____

_____

_____

_____

If I got lucky _____

If money were no object _____

If I could do it all over again _____

_____

_____

_____

_____

_____

_____

_____

_____

I don't want to forget that _____

_____

_____

_____

_____

_____

_____

_____

_____

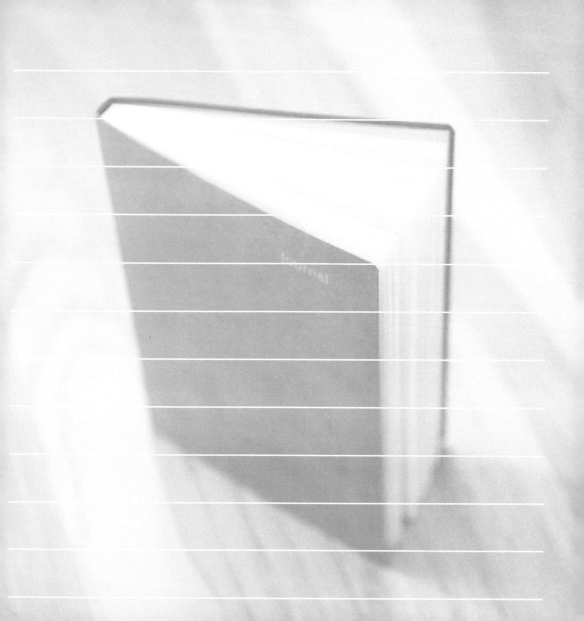

I'd like to talk to someone about _____

_____

_____

_____

_____

_____

_____

_____

_____

I yearn for the moment when _____

_____

_____

_____

_____

_____

_____

_____

_____

Nothing would be finer than _____

_____

_____

_____

_____

_____

_____

_____

_____

I want to be remembered for _____

_____

_____

_____

_____

_____

_____

_____

_____

Something I want to get down on paper is

If I could do anything _____

Oh, I hope _____

_____

_____

_____

_____

_____

_____

_____

_____

I wish...   If I could do it all over again...
want to be more aware of...   Instead I could
could tell my boss... I'd like to meet someone w
If my parents were... I'd rather be in... In a
could live forever... I harbor a desire for...
I can hardly wait for... Writing down all my
anything... I want to be remembered for...   I
If I could start fresh... I can change the world
have this fantasy where... My ideal mate is...
boss... When I'm old, I want to be...   I alway
If money were no object... If I could do it all o
yearn for the moment when... Nothing would be
If only...   Something I want to get down on p
the way I feel... I'd like to have a chance me